ABÉCÉDAIRE

DES ENFANTS

ILLUSTRÉ

DE LETTRES ORNÉES.

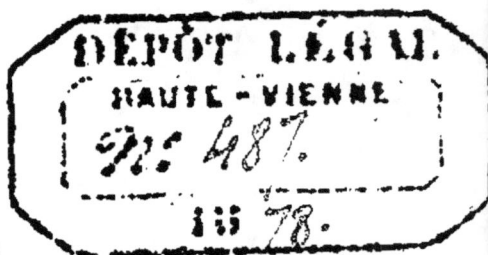

LIMOGES

EUGÈNE ARDANT ET Cᵉ, ÉDITEURS.

—

A   a

Il tend l'Ar-ba-lè-te.

B   b

Il joue a-vec un
Bil-bo-quet.

C   c

Ils sau-tent à la Cor-de.

D   d

Com-me ils dan-sent.

E e

Il l'ex-ci-te en le frap-pant.

F   f

Ils cher-chent des Fleurs.

G g

Les vi-lains Ga-mins.

H   h

Les voi-là a-vec les
Han-ne-tons.

I i

Ils re-gar-dent les
I-ma-ges.

J j

Les pe-tits Jar-di-niers.

K k

Ka-bac-tus le sa-vant.

L l

La Lan-ter-ne
ma-gi-que.

M m

Les Man-geurs et le
Mar-mi-ton.

N   n

Ils vont à la Na-ta-tion.

O o

Ils s'a-mu-sent au jeu
de l'Oie.

P p

Les pe-tits Pa-ti-neurs.

Q q

Le jeu de Quil-les.

R r

Ron-de.

S s

Les jeu-nes Sol-dats.

T t

Ils font tour-ner
leur Tou-pie.

U u

Re-gar-dez
voici l'Um-ble.

V v

Ils é-tu-dient leur
Vio-lon.

X x

Ce-ci est Xa-vier
le nain du roi.

Y y

La pou-pée de Yo-lan-de.

Z z

La pe-ti-te Zo-é.

LET-TRES OR-DI-NAI-RES.

a b c d e f

g h i j k l

m n o p q

r s t u v x

y z.

LET-TRES CA-PI-TA-LES.

A B C D E

F G H I J

K L M N O

P Q R S T

U V X Y Z.

LET-TRES I-TA-LI-QUES.

a b c d e f

g h i j k l

m n o p q

r s t u v x

y z.

CA-PI-TA-LES I-TA-LI-QUES.

A B C D E

F G H I J

K L M N O

P Q R S T

U V X Y Z.

VO-YEL-LES.

a e i o u y.

CON-SON-NES.

b c d f g h j k l m n
p q r s t v x z.

DIPH-TON-GUES.

æ œ ai au ei eu ay.

LET-TRES DOU-BLES.

fi ffi ff fl ffl w.

LET-TRES AC-CEN-TUÉES.

â ê î ô û   à è ì ò ù
é ë ï ü.

PONC-TU-A-TI-ONS.

Point	(.)
Virgule	(,)
Point et virgule	(;)
Deux points	(:)
Point d'interrogation	(?)
Point d'admiration	(!)
Apostrophe	(')
Trait d'union,	(-)
Guillemet	(»)
Astérisque	(*)
Parenthèses	( )
Crochets	[ ]

CHIF-FRES.

1 2 3 4 5 6 7 8 9 0.

SYL-LA-BAI-RE.

ba	be	bi	bo	bu
ca	ce	ci	co	cu
da	de	di	do	du
fa	fe	fi	fo	fu
ga	ge	gi	go	gu
ha	he	hi	ho	hu
ja	je	ji	jo	ju
ka	ke	ki	ko	ku
la	le	li	lo	lu
ma	me	mi	mo	mu
na	ne	ni	no	nu

pa	pe	pi	po	pu
qua	que	qui	quo	qu
ra	re	rì	ro	ru
sa	se	sì	so	su
ta	te	ti	to	tu
va	ve	vi	vo	vu
xa	xe	xi	xo	xu
za	ze	zi	zo	zu

———

MOTS A É-PE-LER.

Pa-pa, ma-man, gâ-teau, fan-fan, ba-lai, tou-tou, jou-jou, bon-bon, mar-ron, bon-net, cou-teau, rai-sin, por-teur, vo-lant.

Im-pos-tu-re, mas-ca-ra-de, se-cou-ra-ble, né-gli-gen-ce, par-don-na-ble, ob-sti-na-tion, in-cor-ri-gi-ble.

Il faut qu'un en-fant soit
bien o-bé-is-sant.

La jus-ti-ce di-vi-ne at-
teint tôt ou tard le cou-
pa-ble.

HISTORIETTES

ET CONVERSATIONS.

Viens ici, Charles.

Viens auprès de maman.

Dépêche-toi.

Assieds-toi sur les genoux de maman.

Maintenant lis ton livre.

Où est l'épingle pour indiquer les mots?

Voici une épingle.

Ne déchire pas le livre.

Il n'y a que les méchants garçons qui déchirent les livres.

Charles aura une jolie leçon nou-
velle.

Epelle ce mot : Bon Dieu.

Mantenant va jouer.

Où est Minet ?

Minet s'est fourré sous la table.

Tu ne peux pas attraper Minet.

Ne le tire pas par la queue, tu
lui fais mal.

Caresse le pauvre Minet. Tu le

caresses du mauvais côté. Voici le bon côté.

Mais, Minet, pourquoi as-tu tué le lapin ?

Tu dois attraper les souris, tu ne dois pas tuer les lapins.

Hé bien ! que dis-tu, as-tu tué le lapin ?

Pourquoi ne parles-tu pas, Minet ?

Minet ne peut parler.

Charles donnera-t-il à manger aux poules ?

Voici du grain pour les pigeons.

Oh ! les jolis pigeons !

Le soleil luit. Ouvre tes yeux, petit garçon. Lève-toi. Prie Dieu.

Maman va habiller Charles.

Descends, viens déjeuner.

Bonne, donnez du lait chaud au pauvre petit garçon qui a faim.

Ne répands pas ton lait.

Tiens la cuiller dans l'autre main.

Ne jette pas ton pain à terre.

Le pain est pour manger, tu ne dois pas le perdre.

Le blé fait le pain.

Le blé croît dans les champs.

L'herbe croît dans les prés.

Les vaches mangent l'herbe.

Les moutons et les chevaux mangent de l'herbe.

Dieu fait pousser le blé et l'herbe.

Les petits garçons ne mangent pas d'herbe. Non, ils mangent du pain et du lait.

———

Les lettres font des syllabes.

Les syllabes font des mots.

Plusieurs mots font une phrase.

C'est une chose très agréable que de savoir bien lire.

Quand tu seras plus âgé, tu apprendras à écrire.

Mais tu dois d'abord apprendre à lire.

Il y a longtemps, papa ne pouvait ni lire, ni dire ses lettres.

On ne sait rien du tout quand on vient de naître.

Si tu apprends un peu chaque jour, tu en sauras bientôt beaucoup.

Maman, pourrai-je jamais savoir tout ce qu'il y a à apprendre?

Non, jamais, quand bien même tu vivrais plus longtemps que

l'homme le plus âgé ; mais tu peux apprendre chaque jour quelque chose.

Papa, où est Charles ?

Ah ! où est le petit garçon ?

Reste tranquille, ne bouge pas.

Papa ne peut pas trouver le petit garçon... Ah ! le voilà. Il est sous le tablier de maman.

Monte à cheval sur la canne de papa.

Voici un fouet. Fouette, cocher.

Dépêche-toi, cheval.

Je voudrais monter un cheval vivant.

Louis, sellez le cheval pour le petit garçon.

Le cheval piaffe, il secoue la tête, il dresse ses oreilles, il part.

Tiens-toi ferme; prends garde qu'il ne te renverse; il va l'amble, il trotte, il galope...... le cheval s'abat. Le pauvre Charles roule dans la poussière.

—

Ecoute!.... le cor du chasseu résonne.

Les chiens de chasse courent.

Vois-tu leurs longues et traînantes oreilles ?

Les chevaux sont écumants.

Vois comme ils renversent les palissades du fermier.

Maintenant, les voilà qui sautent le fossé.

Un, deux, trois.

Ils sont tous passés au-delà.

Ils vont courir après le lièvre.

Pauvre petit lièvre ! je crois que tu vas être attrapé.

En Allemagne, on fait la chasse au sanglier sauvage.

Les Anglais aiment le bœuf rôti et le plum-pudding.

Le Hollandais aime le fromage et les harengs saurs.

Le Français aime la soupe et la salade.

Les Italiens aiment le macaroni.

Les Allemands aiment le jambon et la choucroute.

—

Les Turcs sont assis les jambes croisées sur des tapis.

Les Nègres sont noirs, leurs mains sont noires, et leurs figures sont noires, et tout leur corps est noir. Cela ne peut se laver, c'est la couleur de leur peau. Les Nègres ont le nez plat, les lèvres épaisses et les cheveux noirs, tout frisés comme de la laine.

Les Indiens, dans l'Amérique du nord, ont la peau couleur de cuivre.

Les Groëlandais boivent de l'huile de poisson.

Les Russes voyagent dans des traîneaux sur la glace.

Du feu et de la fumée sortent du mont Vésuve.

Les Hollandais voyagent dans des bateaux, sur des canaux.

—

Viens donner à maman trois baisers.

Un, deux, trois.

Les petites filles doivent toujours venir lorsque maman les appelle.

Mouche ton nez.

Voici un mouchoir.

Viens ici, que je peigne tes cheveux.

Reste tranquille.

Voici la boîte à peigne, que tu vas tenir.

Ta robe est détachée.

Agrafez mon soulier, je vous prie.

Quelqu'un frappe à la porte.

Ouvrez la porte.

Entrez.

Prenez une chaise.

Asseyez-vous.

Approchez du feu.

Comment vous portez-vous?

Très bien.

Apportez du bois.

Arrangez le feu.

Balayez l'âtre.

Où est le petit balai?

Ne reste pas si près du feu.

Ne touche pas à l'encrier.

Vois, tu as taché ta robe.

Voilà une ardoise pour toi, et voici un crayon.

Maintenant, assieds-toi sur le tapis et écris.

Quel est ce bâton rouge et uni?

C'est de la cire à cacheter.

Pourquoi est-ce faire?

Pour cacheter des lettres.

Je voudrais bien la montre de papa.

Non, tu casserais le verre.

Tu l'as déjà cassé une fois.

Tu peux la regarder.

Mets-la à ton oreille.

Que dit-elle?

Tique, tique, tique.

———

Les écureuils croquent des noix.

Les singes sont très drôles.

Tu es aussi très drôle quel-
quefois.

Les petits chats sont joueurs.

Les vieux chats ne jouent pas.

Les souris grugent le fromage.

Il y a un vieux rat dans le piége.

Il a de belles moustaches et une longue queue.

Il mord ferme; il mordrait du bois.

Les hiboux mangent aussi des souris.

Les hiboux demeurent dans les granges et dans les arbres creux.

Alors, pendant la nuit, le hibou éveillé chante.

Les grenouilles vivent dans les marais.

Ne tue pas ce crapaud, il ne te fera aucun mal.

Regarde comme il a de beaux yeux.

Le serpent change de peau tous les ans.

Le serpent couve des œufs.

Le serpent ne te fera aucun mal.

La vipère est venimeuse.

Un vieux renard est très malin.

L'agneau est doux.

L'âne est patient.

Les daims se nourrissent dans les bois.

Nous mangeons la chair de bœuf.

La chair de mouton.

La chair de veau.

La chair de cochon, que l'on nomme porc.

La chair du daim, que l'on nomme venaison.

Le bélier a de grosses cornes toutes tortillées.

Les taureaux ont les cornes courtes et courbées.

Les cerfs ont les cornes en forme de branches, qu'on appelle bois.

Les chamois ont les cornes en spirale comme un tire-bouchon.

N'y a-t-il pas le hibou à cornes?

Oui, on le nomme ainsi, mais il n'a pas de cornes, il a seulement des plumes qui se tiennent toutes droites.

—

Ah! quel joli papillon.

Viens, nous allons l'attraper.

Papillon, où vas-tu donc?

Il s'est envolé par dessus le mur.

Il ne veut pas se laisser attraper.

Voilà une abeille qui suce les fleurs.

L'abeille piquera-t-elle Charles?

Non, elle ne te piquera pas si tu la laisses tranquille.

Les abeilles font de la cire et du miel.

Le miel est doux.

Charles aura du pain et du miel pour son souper.

Les chenilles mangent les choux.

Voilà un pauvre petit limaçon qui rampe sur le mur.

Touche-le du doigt.

Ah! le limaçon s'est replié dans sa coquille.

Sa coquille est sa maison.

Bonsoir, limaçon.

Laisse-le, il va bientôt sortir encore.

—

Je voudrais bien mon dîner : je voudrais ma soupe.

Elle n'est pas encore prête : elle le sera tout-à-l'heure : alors Alphonse aura son diner.

Mettez la nappe.

Où sont les couteaux, les fourchettes, les cuillers et les assiettes ?

L'heure sonne : montez le dîner.

Puis-je avoir de la viande?

Non, la viande n'est pas bonne pour les petits enfants.

Voici des pommes de terre, des haricots, des carottes, des navets, du gâteau de riz et du pain.

Voilà des cerises.

N'avalez pas les noyaux.

Je voudrais du vin.

Quoi! du vin pour les petits garçons! je n'ai jamais vu pareille chose. Non, tu ne dois pas boire du vin, voici de l'eau.

Ne remue pas ma table à ouvrage.

Alphonse, ne marche pas sur mon tablier.

Va jouer maintenant, je suis occupée.

—

Charlotte, à quoi servent les yeux?

A voir.

A quoi servent les oreilles?

A entendre.

Pourquoi avons-nous une langue?

Pour manger.

Pourquoi avons-nous un nez?

Pour flairer.

A quoi servent les jambes?

A marcher.

Alors, tu ne dois pas être paresseuse, et te faire porter par maman; tu dois marcher toi-même. Voici deux bonnes jambes.

Veux-tu venir nous promener?

Va chercher ton chapeau.

Viens. Allons dans les champs, nous verrons les moutons, et les vaches, et les arbres, et les oiseaux, et l'eau.

Voilà un homme à cheval.

Où allez-vous?

Il ne fait pas attention à nous,
il passe droit son chemin.

Maintenant, il est bien loin.

Maintenant, nous ne pouvons
plus le voir du tout.

Voilà un chien.

Le chien aboie.

Eh bien ! n'aie pas peur, il ne te
fera aucun mal.

Viens ici, chien.

Enfants, laissez-le lécher vos
mains.

Pauvre Zémire !

Charles, Charlotte et Alphonse

sont fatigués, il faut retourner à la maison.

—

Maintenant, voilà l'hiver arrivé !

Froid hiver !

Il y a de la glace dans le bassin.

Il grêle.

Il neige.

Veux-tu courir dans la neige ?

Allons donc !

Quelle jolie neige ! comme elle est blanche et douce !

Apporte la neige auprès du feu.

Regarde, regarde, comme elle fond !...

www.ingramcontent.com/pod-product-compliance
Lightning Source LLC
LaVergne TN
LVHW050302090426
835511LV00039B/1025